Flüchtlingskrisen -

Wir können sie beenden

Kriegsruine

Das Titelbild zeigt eine Skulptur von Charlotte Suttrop-Puchstein. Diese Darstellung enthält auch das Kriegsgeschehen, dass Fotos und Filme selten zeigen können: **Feuer, Inferno, Blut**. Erst nach der Vernichtung bleiben die grauen Ruinen.

Fotos:
S. 3 Charlotte Suttrop-Puchstein
Umschlag: Klaus Puchstein

**Das Wichtigste ist die friedli-
che Kommunikation zwischen
vollkommen unterschiedlichen
Menschen und Lebewesen!**

Klaus Ernst Paul Puchstein, Januar 2016

Bibliografische Information der Deutschen Nationalbib-
liothek: Die Deutsche National-bibliothek verzeichnet
diese Publikation in der Deutschen Nationalbibliografie;
detaillierte bibliografische Daten sind im Internet über
http://dnb.de abrufbar.

© 2016 Klaus Ernst Paul Puchstein

www.klaus-puchstein.de

Herstellung und Verlag

BoD – Books on Demand, Norderstedt

ISBN 978 3739 239248

Klaus Ernst Paul Puchstein

Flüchtlingskrisen - wir können sie beenden

Selten sind Regierungen und Bündnisse so in Aufruhr wie 2015 und 2016 in Deutschland und Europa. Sie brauchen besonnene Unterstützung von uns allen. Wie wir das machen können, lesen Sie hier.

Der Klimawandel wird weltweit noch viele Völkerwanderungen auslösen. Da kommt es zu Konflikten. Für friedliche Lösungen brauchen wir hervorragende diplomatische Instrumente.

Inhalt

Raus aus dem Öl! Raus aus der Kohle!

Was haben Öl und Kohle mit den Flüchtlingen zu tun? Unser Verbrauch von Kohle und Öl hat zwei Effekte:

Zum ersten führen beide zur Klimaerwärmung. Die lässt den Grundwasserspiegel in vielen Ländern sinken. In Syrien und auch in Nordjordanien ist der Grundwasserspiegel auf 60 Meter abgesunken. Die Landwirtschaft in Syrien brach zusammen und die Landbevölkerung zog seit 2000 in die Städte. Das führte zu größerer Armut und Unzufriedenheit und ab 2010 zu den bekannten Auseinandersetzungen und Kämpfen. Daraufhin flohen große Teile der Bevölkerung in die Türkei, den Libanon, nach Jordanien und andere Länder in der Region. Als die Situation in den Flüchtlingslagern wegen fehlender Finanzen immer schwieriger wurde, machten sich die Flüchtlinge auf den Weg zu uns. Wir müssen uns darüber klar werden, dass wir selbst über die Klimaerwärmung zu den Verursachern des Flüchtlingsstroms gehören.

Der zweite Grund liegt ganz besonders im immensen Ölverbrauch. Seit 70 Jahren schaufelt die ganze Welt ihr Geld in die Ölstaaten auf der arabischen Halbinsel und in Nordafrika, um dort Öl einzukaufen. Das führte zu einer einseitig ausgerichteten Wirtschaft in diesen Staaten. Andere Industriezweige wurden nie entwickelt, handwerkliche Leistungen werden oft von Fremdarbeitern aus anderen Staaten erledigt und die eigene Bevölkerung macht sich in manchen Ländern überwiegend einen lauen Lenz, während in anderen Ländern ein verarmte große Unterschicht von einer reichen Oberschicht regiert wird, die die Einnahmen aus dem Öl verprasst. Intelligenten jungen Menschen in den Ölstaaten wurde das zu blöd und weil sie jede Menge Zeit und Geld hatten, überlegten sie sich, was man tun kann. So kam Bin Laden dazu, Al Kaida zu gründen. Später spaltete sich der IS ab, weil Al Kaida mit seinen ewigen Predigten den Leuten zu langweilig wurde, die vor allem eines wollten: Action und sofort einen Staat mit der Scharia. In der Situation stehen wir heute im Jahr 2016. Jahrzehntelang haben wir Milliarden unserer D-Mark und unseres EURO für Öl in Länder geschaufelt, die eine Staatsform mit Ansichten aus dem achten Jahrhundert in die ganze Welt exportieren wollen.

Zusammenfassend müssen wir uns die Frage stellen:

Wie dämlich sind wir eigentlich?

Jahrzehntelang haben wir mit Öl und Kohle komfortabel und bequem gelebt. Jetzt wundern wir uns, dass wir die Rechnung präsentiert bekommen.

Warnungen hat es genug gegeben und auch Konzepte, wie man anders vorgehen kann. Die Warnungen wurden lächerlich gemacht und die Konzepte verhindert. Jetzt sind wir die Dummen. Jedoch dazu später in diesem Buch mehr.

Zuerst brauchen wir einen realistischen Plan, wie wir aus der aktuellen Flüchtlingskrise rauskommen – und zwar möglichst schnell.

Obwohl der Ölpreis bereits im Keller ist, dürfen wir jetzt auf keinen Fall mehr Öl verbrauchen. Im Gegenteil: wir müssen unseren Ölverbrauch noch weiter senken. Warum?

Die erdölfördernden Staaten und Firmen müssen das Signal bekommen, dass der Ölpreis nie wieder steigen wird. Erst dann fangen sie an, sich neu zu orientieren.

Außerdem landet jeder Cent, den wir für Öl ausgeben, direkt bei den Kampfparteien in Syrien. Je mehr EURO die einnehmen, desto länger dauern die Kämpfe und desto mehr Flüchtlinge kommen.

Wie können wir unseren Ölverbrauch senken, ohne uns einzuschränken? Indem wir schlau sind und uns klug verhalten.

Senken wir den Ölverbrauch! Jeden Tag ein bisschen!

Autofahrten planen und vermeiden! Möglichst vieles auf einer Fahrt erledigen. Was kann per Mail oder Telefon erledigt werden? Wo können wir zu Fuß, mit dem Fahrrad, Bus oder Bahn hinkommen? Mit dem E-Bike sind Berge und weite Strecken kein Problem mehr. Neuwagen nur mit Elektro- oder Hybridantrieb.

Neue Heizung ohne Öl einbauen. Den Heizölverbrauch senken! Isolieren ist wichtig, aber mit Material ohne Kunststoffe auf Ölbasis.

Plastikverbrauch senken! Gelbe Tonne und gelber Sack sind viel zu voll.

Verlangen Sie beim Einkaufen Verpackungen aus Pappe und Papier ohne Kunststoff. Protestieren Sie, wenn am Gemüsestand keine Papiertüten sondern noch Plastikbeutel hängen. Entscheiden Sie sich für Gegenstände aus Metall, Holz, Glas, Stoff und anderen Materialien als Plastik. Wenn **Kunststoff** unvermeidlich ist, fragen Sie, ob er auf Ölbasis oder **pflanzlicher Basis** hergestellt wurde, das gibt es nämlich auch.

Jeder Supermarkt und jeder Hersteller hat eine Homepage und eine Mailadresse.

Schreiben Sie ruhig mal eine gepfefferte Mail, dass Sie woanders einkaufen, wenn sich nichts ändert.

Wenn Politiker vollmundig davon reden, dass sie die Fluchtursachen bekämpfen, fragen Sie, ob sie schon ein Elektroauto fahren und was ihr Dienstwagen tatsächlich verbraucht. **Oder ob sie die Kämpfe mit ihrem Ölverbrauch weiter finanzieren wollen?**

Fordern Sie Firmen mit großen Fahrzeugflotten auf, Elektroautos anzuschaffen.

Verlangen Sie eine Infrastruktur mit Ladestationen für Elektrofahrzeuge aller Art.

Verlangen Sie abgasfreie Zonen in den Innenstädten, in denen nur Elektrofahrzeuge fahren dürfen. Verlangen Sie Bereiche darum herum, wo Fahrzeuge mit Verbrennungsmotoren nur gegen Gebühr einfahren dürfen. Mailand macht das bereits. Wie Sie das mit einer Bürgerinitiative durchsetzen können, lesen Sie später in diesem Buch.

Verlangen Sie, dass ganz Europa mitmacht, schreiben Sie an die Europaabgeordneten und die Kommissare.

Wer nicht will, macht sich verdächtig, von den Scheichs bezahlt zu werden. Die sind an vielen großen Konzernen bereits beteiligt und nehmen Einfluss.

Wie können Sie selbst den Kohleverbrauch senken?

Indem Sie die Sonne für Ihren eigenen Stromverbrauch einsetzen. Dabei geht es nicht um Einspeisung ins Netz, sondern um Anlagen, die direkt den erzeugten Strom in das Stromnetz Ihres Hauses oder sogar Ihrer Miet- oder Eigentumswohnung einspeisen. Solche Anlagen lassen sich einfach über eine spezielle Steckdose anschließen. Sie senken Ihren eigenen Stromverbrauch und die Sonne schickt Ihnen keine Rechnung. Auch wenn Ihr Stromanbieter die Energie mit alternativen Quellen erzeugt: es kommt doch mehr Energie aus Quellen, die das Klima nicht aufheizt, wenn sie zusätzlich auch noch Sonnenenergie für sich selbst verbrauchen.

Im Jahr 2016 wird es viele Initiativen und Angebote für Stromspeicherung geben. Erkundigen Sie sich, ob etwas für Sie selbst dabei ist. Wenn es für Sie allein zu teuer ist, überlegen Sie, ob Sie zusammen mit Nachbarn, dem Viertel, der Gemeinde oder Stadt eine gemeinsame Lösung finden, die allen hilft.

Wie man in einer Stadt oder einer Gemeinde mit Hilfe einer Bürgerinitiative etwas durchsetzen kann, beschreibe ich später in diesem Buch.

Nachbarn stärken stärkt uns selbst!

Wie reduzieren wir die Flüchtlingszahlen? Die Nachbarstaaten südlich von Europa müssen gestärkt werden. Der allgemeine Lebensstandard in den Ländern an den Südküsten des Mittelmeers muss deutlich angehoben werden.

Alle Flüchtlingszahlen können wir reduzieren. Am erfolgreichsten war bisher das Integrationsministerium in Rheinland-Pfalz unter Leitung von Ministerin Irene Alt. 2015 reisten aus Rheinland-Pfalz über 6000 Flüchtlinge freiwillig in ihre Heimat zurück. Wenn das in ganz Deutschland so gut geklappt hätte, wären schon 120.000 Flüchtlinge wieder zu Hause.

In einem Artikel in der „ZEIT" am 15. Januar 2016 beschreibt Martin Gehlen die Verhältnisse in den

Maghrebstaaten. Zwei Flüchtlingsströme vor allem der jungen Männer sind unterwegs: Diejenigen, die nach Deutschland wegen besserer Lebensverhältnisse streben und diejenigen, die als Kämpfer den islamischen Staat unterstützen. Die Auswanderer, die zu uns kommen, haben ohnehin kein Bleiberecht. Die sich dem IS anschließen, sind gefährlich, weil sie weitere Flüchtlinge zu uns treiben. Bei beiden Gruppen hat Deutschland eine Chance, die Fluchtursachen zu bekämpfen. Mit allen Maghrebstaaten müssen wir ein Ausbildungsprogramm für Jugendliche und junge Erwachsene vereinbaren, wie das mit Tunesien bereits vereinbart wurde. Das deutsche Ausbildungswesen ist überall in der Welt hoch angesehen. Wie die Medien berichten, sind die jungen Leute in Nordafrika alle erfahrene Internetnutzer. Sinnvoll wäre daher zusätzlich ein Internetbildungsprogramm auf Arabisch für diese Menschen. Dabei müssen die unterschiedlichen arabischen Dialekte berücksichtigt werden. Die Bildungsprogramme sollten deswegen mit Pädagogen und Ausbildern aus dem Pool der syrischen Flüchtlinge erarbeitet werden, die Kenntnisse darin haben. Damit bekommen diese Flüchtlinge gleich eine Aufgabe, die ihrem Bildungsstand entspricht. Ausbilder können auch erfahrene syrische Landwirte, Handwerker und Industriearbeiter in Zusammenarbeit mit Pädagogen werden. Parallel dazu sind in Zusammenarbeit mit den Institutionen in den Ländern Wirtschaftsprojekte und Standorte zu entwickeln, die den jungen Menschen berufliche Perspektiven verschafft. Außerdem sollten deutsche und europäische Firmen den jungen Menschen in der Mittelschicht vor allem Online-Arbeitsplätze anbieten, so dass sie von ihrem Heimatstaat aus für diese Firmen arbeiten können.

Solche Online-Arbeitsplatzmodelle sind mit Unterstützung des Bundes zu entwickeln, so dass sie möglichst ohne firmeneigene Auslandsvertretung in den Ländern funktionieren. Als Partner vor Ort sind Bürodienstleister mit Filialnetzen in den Ländern denkbar. Noch einfacher ist aber ein Homeofficesystem. Das hätte den Vorteil, dass mehr Geld bei Mitarbeitern und Mitarbeiterinnen ankommen kann, weil die Kosten für den Bürodienstleister entfallen. Bei den Arbeiten am PC kann es um technische Arbeiten gehen aber auch um Dienstleistungen in französischer oder englischer Sprache. Viele dort sprechen neben Arabisch auch Französisch. Englisch muss prinzipiell als Kommunikationssprache gefordert werden. Vollkommen klar ist, dass diejenigen am besten bezahlt werden, die auch noch die Landessprache ihres Arbeitgebers beherrschen, in unserem Fall Deutsch.

Im Ergebnis muss die Maßnahme dazu führen, dass die Menschen an ihrem nordafrikanischen Wohnort ihr Auskommen finden, während sie online in Europa arbeiten. Wenn das nicht gelingt, werden sie unweigerlich als Flüchtlinge wieder hier auftauchen. Aufzuhalten sind sie ohnehin nicht, wie der *stern* in seiner Ausgabe vom 28. Januar 2016 nachweist.

Wenn Europa die Nachbarn südlich des Mittelmeers nicht deutlich stärkt, werden alle europäischen Staaten dasselbe Dauerproblem bekommen, dass die USA mit Mexiko haben. Der ewige Kampf mit illegalen Einwanderern kann sich dann über Jahrzehnte ausdehnen.

Wie können wir alle hier eingreifen? Sagen Sie einfach jedem Politiker und jeder Politikerin in Berlin, dass die sich aktiv mit dem Problem befassen sollen. Bei der nächsten

Rede im Bundesparlament wollen Sie hören, dass ein Plan zur Entwicklung dieser Länder gefasst wird. Lassen Sie niemals nach, den Fortgang dieses Entwicklungsplans abzufragen. Nerven Sie alle, die aus Berlin zu Ihnen in die Gemeinde, den Kreis oder die Stadt kommen, mit der Frage: Was tun Sie für die Entwicklung der Nachbarstaaten Europas in Nordafrika?

Als Manager oder Firmenchef können sie selbst überlegen, wie Sie Onlinearbeitsplätze im Ausland organisieren und in Ihre Firma integrieren.

Die Vernachlässigung dieser Staaten ist ein Grund für weitere, riesige Flüchtlingsströme, die sich auf den Weg nach Deutschland und Europa machen wollen.

Es wird also allerhöchste Zeit, dass alle Politikerinnen und Politiker in Deutschland gemeinsam an einem

Strang ziehen und kleinliches Ge-
zänk hinter sich lassen. Das gleiche
gilt für die Mitglieder der Europäischen Union.

Wichtig ist auch, dass alle Flüchtlinge, die hier sind, vom ersten Tag
an Deutsch lernen, auch wenn sie
kein Bleiberecht haben. Warum?
Über diese vielen Menschen haben
wir die einmalige Chance, die deutsche Sprache neben Englisch, Spa-
nisch und Französisch als vierte
Weltsprache zu platzieren. Das ist
sehr wichtig, weil Chinesisch sich
bereits sehr erfolgreich auf diesen
Platz vorschiebt. Der deutsche
Sprachraum ist auch gegenüber dem
russischen Sprachraum von der
Ausdehnung her sehr klein. Es besteht die konkrete Gefahr, dass die
deutsche Sprache international auf
einen hinteren Rang verschoben
wird.

Obergrenze?
Kapazitätsgrenze!

Obergrenze für Flüchtlinge? Darüber streiten sich alle in Deutschland und Europa seit 2015. Im Januar 2016 führte Österreich eine Obergrenze ein. Genau gesehen, hat das Land die Aufnahmekapazitätsgrenzen pro Jahr definiert. Die Zahl sagt nicht aus, wie viele Flüchtlinge Österreich überhaupt aufnehmen will, sondern wie viele Flüchtlinge sie pro Jahr aufnehmen können ohne im Notfallstatus arbeiten zu müssen wie 2015.

Jede Regierung, auch die deutsche Bundeskanzlerin müsste sagen können, wie hoch die Kapazitätsgrenze bei der Aufnahme von Flüchtlingen ist. Diese Zahl definiert sich allein schon dadurch, wie viele Menschen in festen Unterkünften pro Jahr untergebracht werden können. Zweiter Punkt ist, in welchem Zeitraum die ankommenden Flüchtlinge registriert werden. Dauert das länger als einen Tag, ist die Kapazitätsgrenze überschritten. **Nur das einzige Integrationsministerium in Deutschland, Rheinland-Pfalz unter Leitung von Irene Alt, registriert seit dem 7. November 2015 alle Flüchtlinge tagesaktuell. Das ist der Maßstab.** Dritter Punkt ist, in welchem Zeitraum der Asylantrag gestellt werden kann. Dauert dies länger als vier Wochen, ist die Kapazitätsgrenze ebenfalls überschritten. Da hinkt die deutsche Bundesregierung in Berlin seit Jahren hinterher. Hat sie ihre Kapazitätsgrenze überhaupt schon berechnet? Oder hat sie einfach keine Ahnung?

2015 überschritten alle Länder ihre Kapazitätsgrenzen und arbeiteten im Notfallbereich – allerdings fehlte das staatliche Notfallprogramm. Trotzdem ist den meisten Flüchtlingen geholfen worden, was für die äußerst stabile Flexibilität der Zivilgesellschaft in den Ländern spricht.

Die Selbstorganisation der Zivilgesellschaft und der Kommunen war in dieser Zeit erheblich besser als die meisten Regierungen mit ihren Verwaltungsorganisationen.

Wir können gespannt sein, wie sich die Regierungsparteien in Berlin einigen werden. Richtig ist, dass 2015 in Deutschland die Aufnahmekapazitäten nicht ausreichten, um alle Flüchtlinge so aufzunehmen, wie sich der deutsche Staatsbürger das in einem ordentlichen Organisationsablauf vorstellt. Selbstverständlich müssen alle staatlichen Kapazitäten hochgefahren werden. Kommen mehr Flüchtlinge und die Kapazitätsgrenzen werden überschritten, müssen Notfallprogramme greifen. Diese Notfallprogramme müssen ausgearbeitet werden.

Die Kernfrage ist doch eher die, auf welche Kapazität man hochfährt. Wie viele zusätzliche Normalkapazitäten werden 2016, 2017 und 2018 geschaffen? Welche Zielsetzung verfolgt man mit der unvermeidlichen Flüchtlingsaufnahme? Ende Januar 2016 deutete sich eine Lösung dieser Fragen in Europa an.

Der Staat ist verpflichtet, jede Maßnahme so wirtschaftlich wie möglich durchzuführen. Daraus folgt, dass man alle Flüchtlinge so fördert, dass sie möglichst schnell von ihrer eigenen Arbeitskraft leben können. Das Potenzial ihrer Fähigkeiten muss also in möglichst kurzer Zeit den Erfordernissen des deutschen und europäischen Arbeitsmarktes angepasst werden. Vernünftig ist es also, wenn sich die Regierungsparteien in Deutschland und Europa spätestens im Februar 2016 darüber einigen, wie hoch die Aufnahmekapazitäten pro Jahr sein müssen, damit man für die nächsten fünf Jahre gewappnet ist. Um einen Gewinn aus dem Zustrom von Menschen für Deutschland und Europa zu ziehen, brauchen wir klare Zielvorgaben. Die definiert man am besten in einem Einwanderungsgesetz.

Einwanderungsge-
setz

Es ist viel die Rede von einem Einwanderungsgesetz. Gefordert wird dies schon lange, einen entsprechenden Parteitagsbeschluss gab es schon 2001 in Stuttgart bei den Grünen. Inzwischen ist sich die Mehrheit im Bundestag darüber einig, dass ein Einwanderungsgesetz gebraucht wird, weil auch die SPD dafür eintritt. Wenn auch die CDU in ihrer Gesamtheit noch nicht überzeugt ist, so sind es doch die Arbeitgeber. Dagegen spricht sich noch vor allem die CSU aus.

Warum ist ein Einwanderungsgesetz wichtig?

Dort wird eindeutig gesagt, wer einwandern darf und wer nicht. Die meisten Politikerinnen und Politiker nehmen das kanadische Einwanderungsgesetz als Vorbild, das nach einem Punktesystem vorgeht.

Bei Einführung eines deutschen Einwanderungsgesetzes wird man sich wahrscheinlich so einigen, dass die Kenntnis der deutschen Sprache die höchste Punktzahl bringt. Die zweithöchste Punktzahl werden berufliche Kenntnisse und Fähigkeiten erringen und die dritthöchste Punktzahl die Kenntnisse deutschen Rechts. Da die Zuwanderung nach Deutschland weltweit sehr attraktiv ist und sehr viele Menschen nach Deutschland wollen, kann man eine Nachweisprüfung in allen drei Bereichen vor einer Einwanderung verlangen. Die meisten Kenntnisse können online erworben werden. Wenn entsprechende Software komplett im Netz verfügbar ist, werden sich private Institutionen aufmachen und in den Ländern mit vielen Zuwanderungsinteressenten entsprechende Bildungszentren aufmachen. Angeboten wird das, wo in Deutschland die meisten Arbeitskräfte gesucht werden.

Zugewanderte Flüchtlinge sind noch keine Einwanderer im Sinne des Einwanderungsgesetzes. Sie können über den Erwerb der im Gesetz geforderten Kenntnisse ihr Bleiberecht verlängern, auch wenn ihre Heimatstaaten eines Tages wieder sicher sein sollten. Darüber hinaus können sie die Einwanderung beantragen. Dem kann der deutsche Staat zustimmen und sie einbürgern, wenn alle Voraussetzungen vom Antragsteller oder der Antragstellerin erfüllt werden.

Damit alle Flüchtlinge hier und Einwanderungswillige von außen feststellen können, welche Chancen sie in Deutschland oder anderen europäischen Ländern haben, ist eine Checkliste zur Selbstüberprüfung der eigenen Kenntnisse und Fähigkeiten mit Anweisungen in den Landessprachen im Internet wichtig. Dann wissen alle, wo sie stehen und ob es überhaupt lohnt, sich auf den Weg zu machen.

Warum brauchen wir überhaupt Zuwanderung?

Die Zahl der Erwerbstätigen sinkt, während besonders die Zahl der Menschen steigt, die im Rentenalter sind. Bis 2020 wird die Zahl der über 80-jährigen um 25 Prozent auf fast 6 Millionen Menschen steigen. Das wird einen zusätzlichen Nachfrageschub an Pflegepersonal in Altersheimen und Krankenhäusern erzeugen. Es werden aber auch mehr Handwerksleistungen nachgefragt, weil Personen über 80 Jahre sich nur selten als Heimwerker betätigen können, selbst wenn sie es wollen.

Die Folge wird sein, dass die Preise für Pflege- und Handwerksleistungen steigen, weil ohne weiteres höhere Löhne verlangt werden können, wenn das Personalangebot knapper wird. Pflegeanbieter und Handwerkskammern jammern schon jetzt über fehlenden Nachwuchs. Die Gastronomie beklagt sich schon seit langem darüber, dass sich auf ihre Anzeigen niemand bewirbt. In ländlichen Gegenden ist überall der Ärztemangel Dauerthema in der Politik und den Medien.

Die Forderung, dass die Flüchtlinge sofort Deutsch lernen und ihre Berufskenntnisse deutschem Standard anpassen, hat also ganz praktische Gründe. Arbeiten in der Pflege und im Handwerk ohne Kenntnisse des deutschen Rechtssystems sind schwierig, denn nur allzu leicht können hohe Schadenersatzforderungen gestellt werden, wenn etwas schief geht.

Deswegen ist klar, dass Tage ohne Bildungsaktivität der Asylbewerber und Asylbewerberinnen für die Steuerzahler zu teuer sind. Die Abmahnungen des Bundes der Steuerzahler und auch der Rechnungshöfe werden gnadenlos folgen. Die Verantwortlichen müssen mit namentlicher Nennung rechnen.

Menschen in Politik und Gesellschaft, die heute öffentlich Flüchtlinge grundsätzlich ablehnen oder zurückweisen wollen, sollten sich darauf einstellen, dass sie im Alter Schwierigkeiten bekommen werden, überhaupt Unterstützung zu bekommen. Kein eingewanderter Flüchtling, der sich hier im Pflegedienst oder im Handwerk integrieren kann, wird freiwillig z.B. nach Sachsen gehen. Ob es in den nächsten Jahrzehnten dort aber noch genügend arbeitsfähige Ärzte, Pflegekräfte und Handwerker geben wird, ist die Frage. Auch andere personalintensive Bereiche sind gefährdet. Wird die Post weiterhin täglich ausgetragen? Kommt die Müllabfuhr seltener?

Keine Arbeit in Deutschland ohne Qualifikation

In den ersten Januartagen gab Herr Weise bekannt, dass Flüchtlinge keine Ausbildung wollen sondern sofort arbeiten möchten, weil sie Verwandte in Flüchtlingslagern oder im Heimatland unterstützen müssen und Schulden bei Fluchthelfern haben. Zahlen nannte Herr Weise nicht, wir wissen also nicht, wie viele Flüchtlinge sich so geäußert haben. **Aber wer auch immer glaubt, in Deutschland ohne Deutschkenntnisse und Ausbildung Fuß fassen zu können, irrt sich gewaltig. Ohne Qualifikation gibt es bei uns keine Arbeit. Es ist Aufgabe der Politik, dies weltweit zu kommunizieren. Die Konditionen müssen im Internet zu finden sein.** Selbst mit Qualifikation ist es oft schwer, einen unbefristeten Arbeitsvertrag zu bekommen, trotz Mangel an Arbeitskräften. Ungelernte Arbeiter leben meist in Armut. Auch für etliche Berufe sind die Löhne so niedrig, dass sie kaum bis zum Monatsende reichen. Wohnraum ist teuer, Internet und Mobiltelefon sind wesentliche Kostenfaktoren aber notwendig. Oft wird für den Weg zur Arbeit ein Auto gebraucht. An Rücklagen für eine Zusatzrente ist gar nicht zu denken. Viele tragen zusätzlich Zeitungen aus oder haben einen Wochenendjob, nur um über die Runden zu kommen. Wer etwas besser verdient, fährt vom Zusatzeinkommen in den Urlaub. Partnerschaften werden gelebt, jedoch Eheschließungen hinausgeschoben, denn eine Scheidung ist teuer und führt oft in den Ruin beider Partner.

Die hohen Beschäftigungszahlen im Januar 2016 haben noch nicht zu befriedigenden Einkommen in den unteren Lohngruppen geführt – viel zu viele Einkommen liegen noch an oder unter der Armutsgrenze.

Zuwanderer müssen sich darüber klar werden, auf was für eine Gesellschaft sie in Deutschland treffen. Wer richtig gut verdienen will, braucht neben einer guten Ausbildung den Willen zur Fünfzig-Stunden-Woche, denn ohne Überstunden oder Zusatzbeschäftigungen kann kein Vermögen erwirtschaftet werden. Im Vorteil sind nur solche Einheimische, die Eigentum erben.

Flüchtlinge, die mit fünf kleineren Kindern zu uns kommen, haben langfristig ziemlich gute Chancen. Wenn sie auf eine gute Ausbildung der Kinder achten, werden diese auch in gute sozialversicherte Arbeitsverhältnisse kommen. Die Unterstützung vieler Menschen hier ist ihnen aus mehreren Gründen oft sicher. Aus unserem christlichen Grundverständnis heraus unterstützen wir Familien, die wegen

Kriegsereignissen alles verloren haben.

Außerdem wissen die meisten, dass diese Kinder über die Sozialversicherung einmal in die Rentenversicherung einzahlen werden. Es besteht also die berechtigte Hoffnung, dass man sich später nicht nur auf genügend Steuereinnahmen des Staates zur Aufstockung der Renten verlassen muss, sondern es werden wieder mehr Menschen in die Rentenversicherung einzahlen.

Das kann zum angestrebten Ziel führen, dass sich die Rentenversicherung selbst trägt. Man kann also durchaus auf Augenhöhe mit Zuwanderern verhandeln und ihnen das Selbstbewusstsein vermitteln, dass sie für uns wichtig sind und später auch für uns etwas tun können, wenn wir jetzt etwas für sie tun. Das kann im persönlichen Verhältnis miteinander geschehen, ist aber auch ganz allgemein gültig. Das Prinzip der Gegenseitigkeit stimmt in jedem Fall und stärkt das Selbstbewusstsein der Beteiligten.

Die Menschen, die sich ehrenamtlich um die Integration der Flüchtlinge bemühen, fordern zu Recht einen zusätzlichen Rentenpunkt. Sagen Sie das den Politikerinnen und Politikern, die Sie treffen oder schreiben Sie Ihren Abgeordneten.

Kinder von Flüchtlingsfamilien haben die größten Chancen, einmal Deutsche zu werden, weil sie im deutschen Bildungssystem groß werden. Trotzdem sollten die Eltern darauf achten, dass sie auch die Muttersprache behalten. Mehrsprachigkeit verbessert immer die Berufschancen. In den Schulen sollten alle Kinder in allen Sprachen, die Kinder an der Schule sprechen, zählen können, Worte der Begrüßung, Ja, Nein, Bitte, Danke sagen können und ein paar Lieder singen können.

Kriminelle Einwanderer als Folge eines fehlenden Einwanderungsgesetzes

Wo Licht ist, ist auch Schatten. Der plötzliche Zustrom so vieler Flüchtlinge war keineswegs so unerwartet, wie uns die Politik in Berlin und Brüssel weismachen will. Alle wussten, was passieren könnte, hofften aber, dass es noch mal gut geht. Es ist aber schief gegangen.

Es war so, dass das Fass der riesigen Flüchtlingslager rund um Syrien zu voll wurde und deshalb Risse bekam. Da quoll es heraus und weil jeder zuerst in Deutschland ankommen wollte, ergoss sich der Flüchtlingsstrom ziemlich ungeordnet und strömte auf dem jeweils kürzesten Weg.

Hätten wir seit 2010 ein funktionierendes professionelles Einwanderungssystem gehabt, dass routiniert Registrierungen, Kontrollen, Sprachkurse, Berufsausbildungen, Umschulungen, Wohnungsbau usw. organisiert, hätten wir die Flüchtlinge zwar auch bemerkt, jedoch den Zuzug als geordnet empfunden. Abzocker und Kleinkriminelle, die den Kölner Schock auslösten, wären gar nicht erst gekommen. Allein die in deutschen Amtsstuben sonst übliche preußische Gründlichkeit hätte sie von vornherein abgeschreckt. Die Chancen, die sich durch mangelnde Vernetzung der Kontrolleure sowie unsere sorglose liberale Lebensart ergeben, wurden blitzschnell in den Kreisen kommuniziert. Schon machte sich die Horde auf den Weg. Viele von ihnen sind bereits routiniert im Austricksen der europäischen Beamten; entdecken sie irgendwo eine Lücke oder Schwäche, wird das sofort ausgenutzt. Siehe den Bericht aus der ‚ZEIT' vom 15. Januar. Schon die zahlreichen Fernsehberichte und Polizeikontrollen seit Anfang Januar werden sie zurückweichen lassen. Ein Ausweis mit Fingerabdruck, der bundesweit oder gar europaweit von jedem Polizisten und jeder Behörde ausgelesen werden kann, ist nicht so leicht zu überwinden. Wenn die Justiz anfängt, Kleinkriminalität zu addieren, wird es gefährlich für die Täter.

Noch viel brisanter ist eine Inhaftierung wegen sexueller Übergriffe. Man weiß nie, wie andere Gefängnisinsassen gerade gelaunt sind. Wenn die meinen, dass in ihrem Revier gewildert wird, kann das übel ausgehen. Werden die Täter zur Verbüßung der Strafe ins Heimatland abgeschoben, könnten die Behörden dort die Auffassung vertreten, dass die Strafe deutlich verschärft werden müsste, weil Touristen aus Deutschland sonst ausbleiben.

Die Politik in Europa muss zudem eine ständige Qualitätskontrolle der Verwendung der eingesetzten Gelder in den nordafrikanischen Staaten durchführen. Eine Perspektive für die jungen erwachsene Frauen und Männer muss deutlich sichtbar werden. Eine gezielte Stärkung von Sozial- und Frauenverbänden dort wäre ein weiterer Baustein.

Schreiben Sie an ihre Abgeordneten in Europa und im Bundestag, dass so verfahren wird.

Wie kann man Menschen mit unlauteren Absichten erkennen? An der Stirn oder dem Aussehen ist das nicht festzumachen.

Die Kölner Jugendbehörde aber berichtete, dass die jungen Männer mit kriminellen Absichten nicht bereit sind, Ausbildungs- oder Sprachprogramme mitzumachen, sondern nur voll versorgt werden wollten. Deshalb sind Beschäftigungs- und Sprachprogramme vom ersten Tag der Anwesenheit hier wichtig. Wer nicht mitmachen will, macht sich verdächtig.

Waffenhandel

Gern wird beim Waffenexport das fadenscheinige Argument gebraucht, dass damit Arbeitsplätze gesichert werden und eigene Entwicklungen überhaupt erst möglich gemacht werden. Die Kosten für den Einsatz von Munition und Waffen werden nicht gegengerechnet, zum Beispiel für die Flüchtlingslager an Syriens Grenzen. Das ist unlauter. Ich stelle die Forderung auf, dass für jeden Waffenexport in der Höhe des Warenwerts die gleiche Summe an einen internationalen Treuhandfonds für Kriegsopfer überwiesen wird. Dies gilt auch für den Verkauf von Lizenzen zur Munitions- und Waffenherstellung in Höhe des Wertes der in Lizenz hergestellten Munition und Waffen sowie Waffenleasing. Die Summe ist in der Rechnung auszuweisen und jeweils vom Kunden zu bezahlen. Diese Forderung bezieht sich auf alle Waffenexporte weltweit zwischen allen Ländern. Die Steuer wird vom Hersteller oder Händler an die Finanzkasse seines Landes überwiesen, die den Betrag ohne Abzug unverzüglich an den internationalen Treuhandfonds für Kriegsopfer weiterleitet.

Der Treuhandfonds bedient mit den Geldern die Hilfsorganisationen, die in Kampfgebieten tätig werden sowie solche Staaten, die Flüchtlinge aufnehmen. Die Zuwendungen werden pro Kopf der betreuten Personen geleistet.

Meine Begründung für diese Maßnahme lautet so:

Durch Export von Waffen und Munition und deren Anwendung werden zahlreiche Flüchtlingsströme ausgelöst. Die Kosten werden auf die Allgemeinheit abgewälzt. Es ist daher notwendig, dass die Kostenverursacher zur Finanzierung des internationalen Treuhandfonds für Kriegsopfer herangezogen werden.

Wichtig ist, dass alle Waffenexporte für neue und gebrauchte Waffen dieser Steuer unterliegen. Wenn Hersteller oder Händler versuchen, steuerfrei Waffen zu schmuggeln, können sie sofort in jedem Land der Welt wegen Steuerhinterziehung festgesetzt werden. Die Diskussion, in wie weit es sich dann um Waffen handelt oder nicht oder nur teilweise, kann anschließend geführt werden.

Wichtig ist ebenfalls, dass alle Staaten der Welt dieser Vereinbarung beitreten, um Wettbewerbsvorteile auszuschließen. Wer sich heraus zu reden versucht oder den Plan unsinnig findet, macht deutlich, dass er Geschäfte auf Kosten anderer Staaten mit der aktiven Zerstörung von Ländern und Menschen machen will und dass er Steuerhinterziehung gutheißt.

Nur mit so einer Maßnahme lassen sich der Export von Waffen oder

Waffenteilen sowie Munition einigermaßen in den Griff bekommen und genügend Gelder für Kriegsopfer bereitstellen.

Auch hier gilt es, alle in der Politik Tätigen zu bearbeiten, dass sie sich beteiligen.

Völlig unberührt von dieser Exportsteuer bleiben die bisherigen Regeln vom Exportverbot von Waffen und Munition sowie Lizenzen zur Waffenherstellung und Waffenleasing. Die sind weiterhin alle gültig und sollten noch weiter verschärft werden.

Wie kann der Konflikt in Syrien beendet werden?

USA und Russland sind bereits beteiligt. Bürger aus anderen Staaten in der Region sind an der Finanzierung beteiligt, auch wenn dies nie offen zugegeben wird.

Es gibt wohl nur einen einzigen Weg zur Befriedung des Konflikts. Man einigt sich darauf, dass Syrien ein neutraler Staat im Sinne der Schweiz wird. Das bedeutet, dass Syrien alle angrenzenden Staaten anerkennt und diese wiederum Syrien in seinen Grenzen. Nichtangriffsverträge werden ebenfalls mit allen Ländern vereinbart. Auch verpflichten sich alle Länder rundherum, den Luftraum über Syrien in keinem Fall mit Fluggeräten irgendeiner Art ohne Zustimmung zu überfliegen. Im Auftrag der UNO bekommen Russland und die USA den Auftrag, die Vereinbarung zu überwachen. Beide Mächte erhalten dazu jeweils einen Stützpunkt an der syrischen Küste.

Innenpolitisch wird die syrische Verfassung so angepasst, dass eine Vielzahl von Religionen und Glaubensgruppen im Land friedlich nebeneinander leben. Keine Religionsgruppe oder politische Gruppe darf eine Verfassungsänderung zum Ziel haben. Waffenbesitz im Land ist ausschließlich Polizei und Militär vorbehalten. Das Militär kann nur gegen Angreifer von außen eingesetzt werden. Tätigkeiten im Inland sind auf Hilfseinsätze in Katastrophenfällen beschränkt. **Über die innere Organisation des Staates müssen die Syrer selbst entscheiden.** Sie sind eingeladen, sich in verschiedenen demokratischen Systeme zu informieren, in denen unterschiedliche Volksgruppen und Religionen in friedlicher

Koexistenz miteinander leben, wie zum Beispiel in der Schweiz.

Alle Beteiligten außer dem IS könnten sich gesichtswahrend aus der Affäre ziehen und die Kämpfe beenden.

Wenn Diplomaten und Außenminister der Welt die Beteiligten am Konflikt zu einem Kompromiss in dieser Richtung bewegen können, würde das der Befriedung der ganzen Region dienen.

Weitere bilaterale Anerkennungen und Nichtangriffspakte in der Region müssten folgen. Wenn man das nicht schafft, sehe ich kein Ende der Auseinandersetzungen in der Region, man muss sich auf einen der längsten Kriege in der Weltgeschichte einstellen, also länger als der 100-jährige Krieg. Etliche Jahrzehnte dieses Zeitraums sind ja bereits verstrichen. Europa wird ständig in der Gefahr sein, in diesen Krieg mit hineingezogen zu werden.

Ist Syrien noch ein souveräner Staat? Viele Bürger sind außer Landes geflohen. Außenstehenden erscheint das ganze Land ein einziges Kampfgebiet zu sein.

Schreiben Sie an die Bundesregierung und die Europaabgeordneten, dass sie für eine Lösung des Konflikts in diesem Sinne arbeiten mögen.

Um eine Einigung der Vielzahl der Kampfgruppen in der Region hinzubekommen, muss man wenigstens sagen, auf welchen kleinsten gemeinsame Nenner man sich einigen könnte. Wenn auch nur der Anschein erweckt wird, dass irgendeine Gruppe übervorteilt werden soll, ist das Ganze zum Scheitern verurteilt und der ewige Krieg in der Region wird fortgesetzt – mit vollkommen unkalkulierbaren Risiken für die Staaten in der Region sowie Russland und die komplette Nato.

Öl- und Kohleverbrauch führt zu Flüchtlingsströmen

Die Klimaerwärmung ist bereits in vollem Gang. In der Januarausgabe 2016 der Zeitschrift GEO über das Dorf Sam Dzong im Himalaya berichtet. Das Dorf in Nepal in fast 4000 Meter Höhe musste komplett in ein Nachbartal umziehen, weil die Schneefallgrenze angestiegen war und es infolgedessen nicht mehr genug Wasser für die karge Landwirtschaft gab. Die Ernten wurden so schlecht, dass die Menschen keine Lebensgrundlage mehr hatten. Der Schweizer Fotograf Manuel Bauer sammelte Spenden, aus denen der Umzug des kompletten Dorfes mit 85 Einwohnern in 18 Haushalten finanziert wurde.

In den Niederlanden an der Küste bei Port Zelande Brouwersdam informiert ein großes Schild am

Strand über ein Projekt des Ministeriums für Infrastruktur und Umwelt Rijkswaterstaat: Sandaufschüttung mit Hilfe von 2 Pumpschiffen, Baggern und LKWs, damit die Küste geschützt wird und der Strandabschnitt für die nächsten zehn Jahre weiterhin touristisch genutzt werden kann. 500.000 Kubikmeter Sand werden bewegt, **um den Anstieg des Meeresspiegels auszugleichen**.

Die Folgen des Klimawandels sind nicht immer so friedlich zu bereinigen wie in diesen beiden Fällen. Da sind vor allem Kosten aufzubringen.

Das Absinken des Grundwasserspiegels in Syrien hat dagegen katastrophale Folgen. Anderswo fordern extreme Wetterkatastrophen viele Todesopfer bei Mensch und Tier, siehe Asien und USA im Januar 2016.

Die Folgen des gegenwärtigen El Nino Ereignisses sind noch nicht abzusehen.

Die Ereignisse verhageln den Großversicherern die Bilanzen. Wenn viele Schadensfälle in extremen Ausmaßen auftreten, werden die Versicherer die Prämien erhöhen und die Konditionen verschärfen. Die Frage ist, ob bestimmte Standorte dann überhaupt noch versichert werden können.

Es wird also gewaltige Veränderungen weltweit geben und die Völkerwanderungen werden Ausmaße annehmen, die jetzt noch nicht abzusehen sind. Geschätzt wird ein Anstieg der Flüchtlingszahlen von gegenwärtig 60 Millionen weltweit auf 200 Millionen.

Infolgedessen wird es noch zu sehr vielen Flüchtlingslagern mit zig-Tausenden von Menschen kommen. Es ist wichtig, ein wachsames Auge auf die Mindeststandards in solchen Lagern zu haben und Beschäftigungssysteme für die Menschen zu entwickeln, die Lohndumping im Aufnahmeland vermeiden.

Ganz Afrika will nach Europa

Daneben gibt es noch viele andere Gründe, warum sich die Menschen auf den Weg machen wollen. Frank Bahr berichtet in der Januarausgabe 2016 der Kundenzeitschrift Centaur aus dem Kongo und Kamerun. Ein junger Mann aus Kamerun kündigt sein Kommen in 2 Jahren an, da will er Angela Merkel besuchen und hier bleiben. „Deutschland ist das beste Land.“

Die Bundeszentrale für politische Bildung BPB zitiert im Newsletter vom 4.4.2012 eine Gallup Umfrage.

Danach wollten 142 Millionen Menschen von außerhalb in ein Land der Europäischen Union einwandern. Konkrete Pläne hatten seinerzeit zwar nur ein Prozent davon, aber das waren auch schon 1,5 Millionen Menschen. Weitere 36 Millionen wollten innerhalb der Europäischen

Union in ein anderes Land umsiedeln.

Nach den Angaben des Auswärtigen Amtes habe ich 940 Mio. Menschen zwischen Mittelmeer und Äquator (Linie Gabun bis Tansania) festgestellt. Dabei habe ich Somalia mit 5 Mio. Einwohnern geschätzt.

Aktuell wird in nahezu allen Dossiers der insgesamt 37 Länder von einer Verschlechterung der Lebensgrundlagen berichtet. Besonders die Sicherheitslage ist in jüngster Zeit überall viel schwieriger geworden. Nach Einbruch der Dunkelheit sollte man sich nirgendwo nach draußen begeben. Die Gefahr einer Entführung für Europäer besteht nahezu überall. Es gibt kein Land ohne Reisewarnungen, nur in 6 Länder kann man unter Beachtung äußerster Vorsicht reisen. Man muss aber von Glück sprechen, wenn man heil nach Hause kommt. Von einer Reise in einige Länder wird ausdrücklich abgeraten. Die Informationen sind beim Auswärtigen Amtes nachzulesen.

Im Newsletter der BPB vom 4.4.2012 ist nachzulesen, dass rund ein Drittel der Bevölkerung der Länder der Subsahara (südlich der Sahara) auswandern will. Konkrete Pläne von den 300 Millionen Auswanderungswilligen hatten 3 Millionen, viele wollten nach USA und Kanada. Inzwischen hat sich die Sicherheitslage in den afrikanischen Ländern überall deutlich verschlechtert, zum einen wegen der Terrorgefahren, zum anderen wegen der Krankheiten wie Ebola. Auch wenn Ebola weitestgehend gestoppt ist, sind die sozialen Folgen noch lange nicht vorüber.

Es gibt noch andere Gründe, warum sich Hoffnungslosigkeit auf dem afrikanischen Kontinent breit macht. Dazu gehört die Vernichtung von intakten Strukturen durch aggressiven Export von Gütern weltweit in die afrikanischen Länder.

Dies gilt für alle Bereiche: Landwirtschaft, Konsumgüter, Maschinen, Waffen, Elektroschrott und vieles andere mehr. Die Küstengewässer werden brutal leergefischt. Bodenschätze werden unter Verlust von Menschenleben ausgebeutet. Wir sind alle beteiligt: Blut von Afrikanern klebt an fast jedem Handy und Tablet.

Es wird nicht ausreichen, ein paar Soldaten nach Mali (gehört schon zur Subsahara) zu senden. Boko Haram verunsichert die ohnehin armen Länder rund um Mali und die Folge ist, dass die Menschen sich auf den Weg machen. Wenn wir verhindern wollen, dass rund 150 Millionen Menschen nach Deutschland und Europa drängen, wird ganz Europa massiv in die Entwicklung von Nordafrika bis an den Äquator investieren müssen.

Der Marshallplan ERP (European Recovery Program), mit dem die USA von 1948 bis 1952 in bedürftige

Staaten Europas investierten, umfasste seinerzeit 13,2 Milliarden Dollar. Das entspricht heute ungefähr 120 Milliarden EURO.

Sollte es notwendig sein, dass Europa 120 Milliarden EURO in Afrika in den kommenden vier Jahren investiert? Damit die Menschen dort bleiben? **Ich fürchte, ein ARP = African Recovery Program ist unsere einzige Chance.** Wir haben keine Zeit mehr und können uns keinerlei Ineffizienz leisten. Sonst werden Afrikaner Europa innerhalb der nächsten zehn Jahre überfluten, ob mit Rechten oder ohne – und ein Anrecht auf Asyl werden wir ihnen kaum verweigern können. Gefragt sind abgestimmte internationale Entwicklungskonzepte, die die Lebensverhältnisse auf den Kontinenten angleichen.

Was Populisten am politisch rechten Rand fordern, würde das Ende jeglicher demokratischen Zivilisation weltweit bedeuten.

Polen, Slowakei, Sachsen und andere

Die Verweigerung Flüchtlinge aufzunehmen ist die eine Sache.

Wie ich vorher im Kapitel ‚Warum brauchen wir überhaupt Zuwanderer‘ beschrieben habe, wird die Zahl der über 80jährigen in Deutschland bis 2020 um 25 % auf ca. 6 Millionen ansteigen (von jetzt 4,7 Millionen auf dann 5,9 Millionen). Danach steigt diese Zahl bis 2030 auf 6,2 Mio., um dann bis 2060 ungefähr 8,7 Millionen zu erreichen.

Ohne Flüchtlinge sinkt im gleichen Zeitraum die Zahl derjenigen im arbeitsfähigen Alter rapide. Das kann man in Destatis, Online-Portal des Bundesamts für Statistik, im Bereich Bevölkerungspyramide (ganz unten auf der Seite) ohne weiteres ablesen.

Diese Entwicklung gilt ähnlich für viele europäische Länder. Ausführlich wird das in einer Mitteilung vom BPB am 23.7.2011 beschrieben: Bevölkerungsstand und – entwicklung. Danach sinkt die Bevölkerungszahl in den Ländern Russland, Deutschland, Italien, Ukraine, Polen, Rumänien und Bulgarien. In der Türkei, Frankreich, Großbritannien, Spanien, Niederlande, Schweden, Norwegen und Irland dagegen steigt die Bevölkerungszahl an.

In den 27 Staaten der EU lebten 2010 rund 500 Millionen Menschen, in den anderen Ländern Europas plus Türkei 312 Millionen Menschen.

Die Zahl der über 65-jährigen Personen steigt in der EU von 2010 bis 2060 von 87 Millionen auf 152 Millionen. Die Rentnerzahl verdoppelt sich also. Die Zahl der 15 bis 65-jährigen sinkt von 335 Millionen auf 283 Millionen. Das sind 50 Millionen weniger.

Die Zahl der unter 15-jährigen verändert sich unwesentlich und bleibt bei ca. 25 Millionen.

Das bedeutet, dass 2060 ca. 100 Menschen zwischen 15 und 65 gegenüber 25 unter 15-jährigen und 53 über 65-jährigen stehen.

Rechnen wir noch die ab, die zwischen 15 und 25 Jahren in einer Ausbildung noch wenig oder nichts verdienen sowie die Menschen, die aus anderen Gründen nicht arbeiten können, kommen wir auf einen Arbeitsfähigen, der einen anderen ernähren muss. Heute ernähren noch zwei Arbeitsfähige einen anderen.

Wenn die Flüchtlinge so schnell wie möglich ausgebildet und eingearbeitet werden, können wir es eventuell erreichen, dass weiterhin zwei Arbeitsfähige einen Rentner oder ein Kind ernähren müssen.

Nun zu den Polen und Slowaken, denen wird es wahrscheinlich schon bald schlecht gehen. Die Veränderungen werden sich schneller ergeben als in anderen europäischen

Staaten und 2060 wird es so sein, dass wahrscheinlich drei Arbeitsfähige vier andere ernähren müssen. Oder aber **alle** unter 25-jährigen müssten sich heute schon für 2 bis 3 Kinder entscheiden, wenn sie alle Rentner und Kinder zukünftig ordentlich versorgen wollen. Andernfalls werden die Preise für Pflegeleistungen und Handwerksarbeiten ins Astronomische steigen. Wir dürfen alle sehr gespannt sein, wie das Problem in Polen und der Slowakei gelöst wird. Ein Zuzug aus dem Osten ist nicht zu erwarten, da dort alle Staaten dasselbe Problem haben. Alle brauchen ihre arbeitsfähigen Menschen dringend selbst. Herr Kaczyński, Vorsitzender der Regierungspartei PIS in Polen, wird 2029 achtzig Jahre alt. Sollte er dann Pflege brauchen, weiß er jetzt schon, worauf er sich einstellen muss. Viel Glück! Wird eine Haushaltshilfe dann 3000 € im Monat oder mehr verlangen können?

Darauf wird man sich auch in Deutschland einstellen müssen: Die polnische Haushalthilfe, die zurzeit noch die Großeltern für 1500 € im Monat rund um die Uhr versorgt, wird spätestens ab 2025 nicht mehr kommen. Die wird in Polen gebraucht. Die Zahl der über 80-jährigen in Polen wird bis 2025 auf dem heutigen Stand von ca. 1,5 Millionen bleiben. Aber danach steigt ihre Zahl rasant auf 2 Millionen in 2030 und danach auf über 2,5 Millionen im Jahr 2035. Gleichzeitig sinkt der Anteil der arbeitenden Bevölkerung.

Sie können das unter http://www.dza.de/uploads/media/Praesentati-on_Bledowski_12.01.12.pdf in einem Vortrag von Professor Piotr Bledowski von der Ökonomischen Schule Warschau auf Deutsch nachlesen. Bledowski ist auch Mitglied der polnischen Gesellschaft für Gerontologie.

Sachsen: Es ist anzunehmen, dass eingewanderte Flüchtlinge und ihre Nachkommen auch 2060 noch dieses Bundesland meiden. Sowie die Flüchtlinge integriert sind und arbeiten können, wo sie wollen, werden sie vor allem in die Bundesländer ziehen, wo sie von vornherein willkommen waren. In Orten, die jetzt unangenehm auffallen, wird schon in wenigen Jahren Pflegedienst und Handwerkerleistung sehr teuer werden. Besonders im ländlichen Raum wird es zu einer noch viel deutlicheren Unterversorgung kommen, als es jetzt schon der Fall ist.

Die Folgen unseres Handelns holen uns schon bald ein, spätestens wenn wir 80 Jahre alt werden

Alle in Europa, die jetzt täglich die Begrenzung der Flüchtlingszahlen fordern, müssen auch die Frage beantworten, ob es ab 2030 in Europa genügend Menschen gibt, die eine menschenwürdige Versorgung aller über 80jährigen leisten können.

Wird es im arbeitsfähigen Alter in Deutschland genug Menschen in Gesundheitsberufen und Handwerk geben, die für die Hochbetagten da sind? Die gut qualifiziert sind? die hervorragend Deutsch sprechen?

Welche Politiker werden ihren Altersgenossen dann guten Gewissens in die Augen sehen können? Wer wird sagen können: Wir haben 2015, 2016, 2017 dafür gesorgt, dass

die vielen Flüchtlinge, die zu uns
kamen, bestens aufgenommen, integriert, ausgebildet und umgeschult
wurden? Dass sie Deutsch lernten
und sogar bayerisch, schwäbisch,
pfälzisch, hessisch und die vielen
anderen Mundarten bei uns. Wir
haben die vielen ehrenamtlichen
Helfer unterstützt.

Wer wird sagen können: Nach den
schrecklichen Ereignissen in Köln
haben wir alles dafür getan, damit
sich die Lebensverhältnisse in
Nordafrika deutlich verbessern und
die Jugendlichen dort nicht mehr in
die Kriminalität abrutschen und mit
dieser kriminellen Energie nach
Europa kommen?

Von wem werden die 80 bis
100jährigen sagen: Der oder die hat
damals nur gebremst, den Gutwilli-
gen nur Knüppel zwischen die Beine
geworfen und den Betrieb aufgehal-
ten anstatt mit anzupacken und
weitsichtig dafür zu sorgen, dass
unsere Renten- und Pflegesysteme

stabil bleiben durch eine Vielzahl eingewanderter Einzahler?

Alle Politiker sollten darüber nachdenken, wie die Geschichte, um es einmal mit Altkanzler Kohl zu sagen, ihr Verhalten in diesen Jahren der Flüchtlingsströme beurteilen wird. Was werden die Medien über ihr Lebenswerk berichten, wenn die heute aktiven Politiker einmal 80 Jahre alt werden?

Bisher ist das Ansehen Deutschlands im Jahr 2015 weltweit deutlich angestiegen, wie wir im **Gedenken an die Opfer des Nationalsozialismus** im Bundestag am 27. Januar 2016 erfahren haben.

Auf dieser Basis sollten wir aufbauen und friedliche Änderungen in den Ländern südlich von Europa und auf dem gesamten afrikanischen Kontinent jetzt in die Wege leiten. Das hilft dort und es wird auch uns helfen.

Mit Bürgerinitiativen der Politik Dampf machen!

Über eine Bürgerinitiative bin ich 2003 vom Politikbeobachter zum Akteur in der Politik gekommen. Der Lernprozess war intensiv und aufschlussreich. Vor allem habe ich dabei ein paar Dinge gelernt: Die Herrschaften kochen alle nur mit Wasser. Man muss sich sehr gut informieren, sowohl über die Sache und die bestehenden Gesetze sowie über die beteiligten Personen. Das Internet ist da heute äußerst hilfreich und effizient. Auch andere können denken und man muss das Rad nicht neu erfinden. Also erst recherchieren und dann loslegen. Für alle Projekte sucht man sich am besten eine Mannschaft. Bevor man wichtige Dinge veröffentlicht, müssen mindestens zwei andere das Schreiben gegengelesen haben.

Wie man eine Bürgerinitiative anfängt, kann man bei verschiedenen Organisationen nachlesen.

‚Mehr Demokratie‘ ist eine der Organisationen. Entscheidend für ein Bürgerbegehren ist das entsprechende Kommunalgesetz des jeweiligen Bundeslandes. Am wichtigsten bei Unterschriftensammlungen ist, dass man sich vorher darüber informiert, wie die Listen formal richtig auszusehen haben und was alles angegeben werden muss. Meistens ist es die vollständige Adresse, das Geburtsdatum und die Unterschrift. Es dürfen nur solche Menschen unterschreiben, die auch in dem Gebiet wohnen, wo über eine Maßnahme entschieden wird. Am besten bildet man erst mal eine Interessentengruppe, die das gleiche Ziel verfolgt. Die Mitglieder informieren sich über den Sachverhalt, nehmen Kontakt mit Organisatoren früherer Bürgerinitiativen im selben Gebiet auf, informieren sich bei einer Organisation wie z.B. ‚Mehr Demokratie‘ und beginnen dann Gespräche mit den Fraktionen im kommunalen Rat: Ortsbeirat, Gemeinderat, Verbandsgemeinderat, Stadtrat, Kreistag oder Landtag. Es kommt darauf an, welche staatliche Institution für die Entscheidung zuständig ist. Hören Sie sich an, wie die Meinung der unterschiedlichen Fraktionen zu Ihrer Forderung ist. Sie werden schnell merken, wo die Interessen liegen. Die Fraktionen werden alle versuchen, Einfluss zu nehmen. Es kann auch sein, dass der entsprechende Rat vorschlägt, dass ein professionelles Moderatorenteam eingeschaltet wird und die Gemeinde, Stadt, Kreis oder das Land die Kosten für die Moderation übernimmt. Erkundigen sie sich in solchem Fall, wo das Moderatorenteam bereits so etwas durchgeführt hat. Fragen sie in der betreffenden Referenzgemeinde nach, wie zufrieden man mit der Moderation war. Wenn Sie den Eindruck haben, dass das Moderatorenteam ordentlich nach demokratischen Prinzipien arbeitet, geben Sie ihr Okay. Wichtig ist, dass Sie möglichst alle Mitglieder Ihrer Initiative einbinden. So etwas kostet viel Überzeugungsarbeit, man muss sich sehr viele Verwaltungsvorschriften durchlesen, die Abläufe in der Verwaltung und in der Kommunalaufsicht kennenlernen und durchschauen. Deswegen arbeiten Sie am besten im Team mit verteilten Aufgaben. Notwendig sind Fachleute für den Gegenstand Ihrer Initiative und Fachleute für das kommunale Recht.

Es gibt zwei Formen für ein Bürgerbegehren: das kassierende, welches den Beschluss eines Rates aufhalten soll. Da haben Sie sehr wenig Zeit, weil meist innerhalb von drei Monaten genügend Unterschriften gesammelt werden müssen. Je höher die Zahl der mindestens erforderlichen Unterschriften, desto schwieriger ist es.

Die andere Form des Bürgerbegehrens ist das initiatorische: Der entsprechende Rat soll etwas beschließen, was die Bürger wollen. Da haben Sie mehr Zeit, weil Sie bereits für Ihr Vorhaben werben können, bevor Sie mit der Unterschriftensammlung beginnen. Das sollten Sie unbedingt tun, weil es die Chancen, genügend Stimmen zu erhalten, ungemein erhöht. Es kommt durchaus vor, dass der Rat auf Ihre Forderung einsteigt und genau das beschließt, was Sie wollen. Dann sparen Sie sich das Sammeln der Unterschriften.

Sie werden aber feststellen, dass Ihre Meinung mehr gefragt ist, wenn Sie mit einer ganzen Mannschaft auftreten. Die Parteien werden versuchen, die Mitglieder der Mannschaft als Parteimitglieder zu gewinnen. Ob jemand eintritt oder nicht, muss man dann selber wissen.

Der Autor

Klaus Ernst Paul Puchstein hat sich in seinem Arbeitsleben bei einem Verlag für berufsbildende Medien 30 Jahre mit Ausbildern und Lehrern über ihre Arbeit im In- und Ausland unterhalten. Er traf viele Menschen, die Umschulungen und Ausbildungen mit Einwanderern in Deutschland durchführen und Menschen, die im Auftrag der Bundesregierung in anderen Ländern und Kontinenten in Berufsbildungsmaßnahmen eingesetzt sind. Die Unterschiede in den Strukturen von Lebensverhältnissen und Berufsbildung in den Ländern kennt er aus dieser Tätigkeit. Er sagt: „Die daraus resultierende Problematik ist heute durch das Internet weltweit bekannt und die Menschen sind sich ihrer Lage nahezu überall bewusst. Die Kenntnisse führen zu Wünschen. Manchmal genügen die Wünsche und die Perspektivlosigkeit, damit sich die Menschen zielgerichtet auf Wanderschaft begeben. Wird die eigene Lage lebensgefährlich,

wegen Krieg, Unterdrückung, Hunger
oder Krankheit, machen sich viele auf
den Weg. Der Klimawandel vernichtet
zunehmend Lebensgrundlagen, Land-
schaften und Ernten. Das treibt ganze
Völker in die Flucht, was wieder zu Konflikten führt."

Die demografischen Probleme in
Deutschland und Europa kennt er schon
lange, weil ständig die Schülerzahlen
sanken. „Jetzt gibt es zu wenige junge
Leute, die in einen Beruf eintreten
könnten. Der Nachwuchs fehlt auf brei-
ter Ebene. Zudem sind die Anforderungen in vielen Berufen derartig angestiegen, dass die Leistungsmöglichkeit vieler Jugendlicher dem Anspruch nicht
mehr genügt. Es gibt also eine Entwicklung in zwei Richtungen: Zu wenig Menschen für die vielen komplizierten Berufsanforderungen und zu viele Menschen für einfache Arbeiten. Die weitere
Automatisierung wird diese Entwicklung noch fortsetzen. Man wird nicht
darum herumkommen, spezielle Ar-

beitsplätze für einfache Tätigkeiten zu entwickeln. Da bietet gerade der Bereich Altenpflegehilfe viele Möglichkeiten, weil zwischenmenschliche Kontakte entstehen und Menschen auf sich ändernde Anforderungen ständig eingehen können. Der Wert der sozialen Anerkennung entsteht in beiden Richtungen, bei den Pflegenden und den Gepflegten. Wir sollten diese Beziehungsgeflechte nicht Automaten opfern, sondern lernen, uns gegenseitig zu schätzen.“

„Flüchtlinge können in allen Bereichen die europäischen Völker wieder in die Balance zu bringen. Das Verhältnis von arbeitender Bevölkerung zu Alten und Kindern; zwischen Menschen, die hochkomplexen Berufsanforderungen gerecht werden und Menschen, deren Stärken eher im zwischenmenschlichen Bereich liegen. Beides sollten wir fördern und alle Kraft in die Integration der Flüchtlinge in unsere Gesellschaft investieren. Es geht um gegenseitige

Stützung und Anerkennung. Außerdem gewinnen wir einen Einblick in ganz andere Gesellschaften. Unsere sozialen Sicherungssysteme können wieder ins Gleichgewicht kommen, weil genügend einzahlende Menschen solchen gegenüberstehen, die Leistungen empfangen. Wir sollten diese Chance unbedingt nutzen."

Puchstein ist in Bad Neuenahr - Ahrweiler Mitglied im Seniorenbeirat der Stadt.

In den Jahren 2003 und 2004 war er in einer Bürgerinitiative engagiert, die ein Bürgerbegehren und einen Bürgerentscheid herbeiführte.

2015 hat er Bücher zum Zusammenhang zwischen Gehirntraining und Naturerlebnissen veröffentlicht.

Quellen:

Bundeszentrale für politische Bildung https://www.bpb.de/

Auswärtiges Amt http://www.auswaertiges-amt.de/DE/Startseite_node.html

Bundesministerium für wirtschaftliche Zusammenarbeit und Entwicklung www.bmz.de

Statistisches Bundesamt www.destatis.de

Pressemeldungen aus der ZEIT, Handelsblatt, *stern*, SPIEGEL, GEO und dpa Newsticker vorwiegend im Januar 2016.

Danke

Für Kommentare und Hinweise zum Manuskript möchte ich mich ganz herzlich bei Elisabeth und Stefan Ummenhofer, bei Richard Ulrich und meiner Schwester Heidlinde Aikio bedanken.

Bad Neuenahr, im Februar 2016

Klaus Ernst Paul Puchstein

ISBN

978-3-7347-5893-5

Paperback

48 Seiten

ISBN

9-783-7386-12622

Hardcover

68 Seiten